NOTICE

SUR

L'ÉGLISE DE BROU

Par Et. MILLIET

Chevalier de l'ordre de St-Sylvestre

DESCRIPTION

DU CADRAN ELLIPTIQUE DE BROU

Par Thomas RIBOUD

LA DEVISE

DE MARGUERITE D'AUTRICHE

Par Philibert LE DUC

SE TROUVE A BOURG

Z LE GARDIEN DE L'ÉGLISE DE BROU

1882

BRESSANE DES ENVIRONS DE BOURG

NOTICE SUR L'EGLISE DE BROU

DESCRIPTION DU CADRAN ELLIPTIQUE

ET

LA DEVISE DE MARGUERITE D'AUTRICHE

NOTICE

SUR

L'ÉGLISE DE BROU

Par Et. MILLIET

Chevalier de l'ordre de St-Sylvestre

DESCRIPTION
DU CADRAN ELLIPTIQUE DE BROU

Par Thomas RIBOUD

LA DEVISE
DE MARGUERITE D'AUTRICHE

Par Philibert LE DUC

SE TROUVE A BOURG

CHEZ LE GARDIEN DE L'ÉGLISE DE BROU

1889

Bourg, imprimerie Villefranche, place d'Armes, 1. — 414 82

NOTICE

SUR

L'ÉGLISE DE BROU

(Extraite de l'*Album de Brou*, revue et augmentée)

Œuvre de foi divine et de foi conjugale,
Belle église de Brou, nulle autre ne l'égale
Dans les grandes cités ;
Non pas que ton vaisseau soit d'ampleur infinie,
Mais tant il a de grâce et d'amoureux génie
Dans ses marbres sculptés.

Ph. Le Duc.

I

L'église de Brou est le dernier joyau du Moyen-Age. Rien ne manque à son histoire pas plus qu'à son architecture : ni les mystérieuses légendes, ni le motif pieux de son érection, ni la douleur des tombeaux, ni la renommée des artistes, ni la poésie, ni les lacs d'amour, ni les rosaces enflammées sous les feux du soir.

Il est dit dans l'histoire que, en l'année 1480, Philippe II, duc de Savoie, eut le malheur de se casser un bras pendant une chasse. Sa vie étant en danger, Marguerite de Bourbon, sa femme, fit vœu que, s'il était rendu à la vie, elle élèverait, sur le territoire de Brou, déjà célèbre par la piété de quelques cénobites, une église et un monastère.

Le prince revint à la vie ; mais la duchesse mourut peu après au château de Pont-d'Ain, avant d'avoir accompli son vœu qu'elle confia à Philippe. Ce prince succomba lui-même au château de Pont-d'Ain, en 1497, recommandant à Philibert II, son fils, l'accomplissement du vœu de Marguerite de Bourbon.

Philibert II, surnommé le *Beau*, épousa Marguerite d'Autriche, fille de Maximilien Ier, archiduc d'Autriche, petite-fille de Charles-le-Téméraire, tante de Charles-Quint, princesse célèbre par son esprit, sa politique et ses malheurs.

Dans les premiers jours de septembre de l'année 1504, Philibert-le-Beau, chassant près de Saint-Vulbas, s'arrêta tout en sueur devant une fontaine et s'y désaltéra imprudemment ; il fut atteint d'une pleurésie le 10 septembre

1504 ; il expira dans ce même château de Pont-d'Ain, où il avait reçu le jour.

Marguerite d'Autriche, dans son immense douleur, résolut d'accomplir le vœu de sa belle-mère et d'ériger à ses morts chéris un magnifique tombeau où elle viendrait reposer à côté de son époux. Telle est la touchante origine de l'église de Brou. .

Marguerite d'Autriche fit donc appel aux artistes les plus renommés de la France, de l'Italie et des Flandres, qui exécutèrent des travaux de premier ordre avec le cachet de leur nationalité.

Pendant longtemps la croyance populaire a désigné Colomban, de Dijon, comme architecte de l'église de Brou ; il s'était fait ermite, dans un moment de découragement, et, revenu quelques mois après dans le voisinage de l'œuvre qu'il avait entreprise, il s'introduisait dans les chantiers, à l'heure où les ouvriers prenaient leur repas, et substituait ses dessins à ceux qui leur étaient donnés.

Mais cette légende, qui ne manquait pas d'un certain charme, est presque oubliée depuis le savant travail de M. Jules Baux sur l'église de Brou : cet historien a patiemment étudié dans nos archives toutes les pièces qui éclairent l'intéressante origine de notre incomparable monument, et il a jeté une vive lumière sur l'histoire de sa construction.

En 1505, Marguerite d'Autriche confie à Jean Perréal, dit de Paris, peintre du roi Louis XII, ses projets de construction : les plans en sont dressés.

En 1509, Jean de Paris, de retour d'un voyage en Italie, achève les plans et *patrons* de l'église, dont les fondations avaient été jetées dès l'année 1506. Michel Coulombe, de Tours, statuaire célèbre, fait les modèles en petit des mausolées.

Il est bien certain, d'après tous les documents, que Jean Perréal, peintre du roi Louis XII, fut chargé le premier par Marguerite d'Autriche de préparer les plans de l'église et du couvent de Brou. Ses lettres en font foi. Il se mit en rapport avec Michel Coulombe. Les travaux furent commencés. Jean Perréal résidait alors à Lyon ; il écrit à Marguerite d'Autriche à la date du 1er décembre 1511 :

« Madame, je vous avise que j'ay fait le patron ou pourtrait de la dite esglise et y ay fait tout ce que j'ay peu inventer et que j'ay veu par tout où j'ay esté[1]. Vray est que l'on peult adjouster tout ce qu'il vous plaira ; aussy l'ay mis soubz vostre correccion comme vous verrez par mes lettres. J'ay aussi fait le couvent basti en trois parchemyns. Vous plaira avoir le tout à gré.... Jehan Le Maire a esté à Tours vers Michel Coulombe, pour soliciter les patrons que je faiz faire de la sépulture et y a esté longtemps... »

En mars 1511, on voit que Jean Perréal s'était plaint de dépenser beaucoup d'argent en « pourtraits ou patrons, en alées et venues. »

Jean Perréal se plaignait aussi de ses collaborateurs; un sculpteur de Salins, maître Thibault, lui était particulièrement hostile. (Voir une lettre de Jean Perréal publiée par Charavay, archiviste paléographe.)

---

1 Jean Perréal avait suivi le roi Charles VIII dans ses guerres en Italie.

Le tailleur d'images, maître Thibault, finit par triompher du peintre de Madame. Jean Perréal, exposé tant à la jalousie des artistes et maîtres maçons qu'au mauvais vouloir des ouvriers, soit que ses projets fussent trop savants, soit qu'ils parussent choquants par leur nouveauté, rencontrait beaucoup d'opposition. Bref, sa situation n'était plus tenable ; Marguerite d'Autriche, fatiguée de toutes ces plaintes et de toutes ces contrariétés, se décida à confier l'exécution de l'église de Brou au Flamand Loys Van Boghem. — Jean Perréal mourut à Lyon vers 1528.

En 1512, maître Loys Van Boghem, le Flamand, arrive sur les lieux, substitue ses propres plans à ceux de Perréal, imprime à tous les travaux une marche active et régulière : c'est donc à Van Boghem que revient l'honneur d'avoir été l'architecte de Brou.

En 1521, l'église est élevée ; elle est achevée et consacrée en 1531.

Les frères Conrad Meyt, suisses d'origine, furent les imagiers et les statuaires ; ils employèrent sept années à sculpter les statues des deux

Marguerite, de Philibert-le-Beau et des génies qui les environnent.

De 1526 à 1532, on confectionna le beau rétable de la chapelle de la Vierge, les verrières et les boiseries. Les stalles si ouvragées du chœur ont été dessinées par Van Boghem : cela se reconnait à la colonne coudée qu'on retrouve dans presque toutes les parties de l'édifice. Des ouvriers de Bourg ont pris part à ce travail si varié dans les détails, si riche dans l'exécution.

Les marbres des mausolées ont été amenés de Carrare; les autres marbres provenaient de la carrière de Vaugrineuse (Jura), qui a été récemment retrouvée, et la pierre blanche de Ramasse, Gravelles et autres carrières qui sont au pied de nos premières montagnes.

L'église a exigé la dépense de sommes qui équivaudraient aujourd'hui à près de huit millions de notre monnaie [1].

---

[1] C'est le chiffre auquel s'est arrêté M. Philibert Le Duc, qui a fait une étude spéciale de cette question, et l'a publiée en 1857, dans sa brochure intitulée : *L'Eglise de Brou et la Devise de Marguerite d'Autriche*. Mais nous croyons

Les caveaux placés sous les mausolées renferment les restes mortels du prince et des deux princesses, déposés dans des cercueils qui ont été récemment renouvelés.

En 1791, Brou fut rangé au nombre des monuments nationaux à conserver par l'Etat, sur les sollicitations et à l'honneur de Thomas Riboud, alors procureur-général-syndic de l'administration départementale [1].

Le dôme et la flèche de Brou ont été démolis l'an II de la République, par suite d'une mesure révolutionnaire.

Par ordre du proconsul Albitte, la flèche du clocher fut abattue ; les cloches et le mausolée de bronze du seigneur de Gorrevod furent fondus pour en faire des canons.

Ce qui sauva l'édifice d'une destruction complète, c'est qu'il fut transformé en magasin à fourrages pour l'armée des Alpes. L'église était

---

que, pour se rapprocher des prix d'aujourd'hui, ce serait au moins trente millions qu'il faudrait dire.

[1] Le document officiel qui constate l'initiative de Thomas Riboud a été publiée par son petit-fils dans l'écrit cité à la note précédente.

remplie jusqu'à l'admirable jubé qui ferme le chœur. Ainsi les mausolées, les vitraux, les stalles et le jubé lui-même furent heureusement préservés.

Nota. — Il a été découvert, dans ces dernières années, plusieurs documents importants dans les archives de Lille, se rattachant à la construction de l'église de Brou et à ses architectes. Ces documents sont tous connus aujourd'hui ; ils ont été publiés soit par M. Leglay, archiviste de Lille, dans ses *Analectes*, soit par M. Puvis, soit par M. Dufay, qui séjournait à Lille, dans ses *Tombeaux de Brou* et ses *Observations* sur la correspondance de Jehan Perréal avec Marguerite d'Autriche, soit enfin par M. J. Baux lui-même, dans son histoire si complète de l'*Eglise de Brou*.

II

La campagne et de beaux horizons entourent de toute part l'édifice. La Reyssouze coule paisiblement à peu de distance, à travers de fertiles prairies.

La façade est pleine d'élégance et chargée de figures qui garnissent le tympan de la porte. Les trois triangles qui sont au sommet présentent une image sensible de la Trinité ; le cercle de la rosace qui occupe le centre est le symbole de l'éternité et de l'infini ; telle a été la pensée de l'architecte. Au milieu de la première galerie se voit saint André avec sa croix, patron de la Bourgogne : cette statue rappelle la nationalité, la naissance et la famille de la fondatrice, selon l'explication de M. Jules Baux. Anciennement on croyait que cette statue représentait André Colomban ou saint André, son patron, et l'on inférait de cette figure et de sa position à l'entrée de l'édifice qu'André Colomban en avait été l'architecte [1].

---

[1] Voyez *Considérations et recherches sur les monuments anciens et modernes du territoire de Brou par* Thomas Riboud, p. 46.

Toute cette façade a reçu une restauration importante, il y a quelques années. La pierre, malgré les siècles, a conservé des teintes délicates, et rien n'est majestueux comme les dernières lueurs du soleil couchant se jouant sur les contreforts, dans les galeries et dans les rosaces de ce splendide portique enrichi de statuettes et de feuillages.

La statue de saint Nicolas de Tolentin, patron de l'église, repose sur le pilier servant de séparation aux deux portes de l'édifice ; celles de saint Pierre et de saint Paul sont des deux côtés l'une à droite, l'autre à gauche; celles de Jésus-Christ, du prince, de la princesse, de leurs patrons ou patronnes, ornent tout ce portail avec des devises, des feuillages travaillés à jour avec une grande habileté.

Le premier mausolée placé à droite dans le chœur est celui de Marguerite de Bourbon, vêtue de son manteau ducal, la tête appuyée sur un carreau un peu enfoncé ; elle a les mains jointes, et la tête tournée du côté de Philibert-le-Beau comme pour lui recommander l'exécution du vœu qu'elle n'avait pu accomplir : une très-belle levrette est à ses pieds ; au-dessous se voient des pleureuses, et dans l'enfoncement de leur capuchon on découvre des larmes coulant sur des visages auxquels le ciseau du sculpteur a donné une incroyable finesse d'expression. — C'est à ce monument qu'appartenaient les deux charmants génies qui furent envoyés à la Convention par un représentant du peuple. La Constitution devait être gravée sur l'écusson qu'ils portaient. Mais, brisés en chemin, ils échappèrent à leur profane destination.

Au milieu de l'église est placé le mausolée de Philibert-le-Beau, vivant au-dessus, mort au-dessous : au-dessus, le prince est environné de six génies qui tiennent le sceptre, le casque et le gantelet. Un lion plein de vie repose aux pieds du prince. Ce bloc est du plus beau travail. — Au-dessous c'est l'image la plus frappante de la mort. Le prince est étendu sur un suaire; le marbre lui-même représente dans ses teintes veinées toutes les traces de la mort. La disposition de ce mausolée est de l'effet le plus saisissant.

Le troisième mausolée, qui est à gauche, représente Marguerite d'Autriche, vivante au-dessus, morte au-dessous ; il est le plus riche en détails ; il se voit sur trois faces chargées de fleurs, de lacs, de chiffres et de devises. Il y a sur les colonnes des statuettes de saintes ou de sibylles de la plus fine coquetterie.

Au-dessus, la princesse est représentée dans toute sa beauté et vêtue de riches ornements. L'œil ne se lasse point d'admirer les délicates broderies de son carreau, la richesse des draperies, l'expression du visage, sa gracieuse levrette à ses pieds : le chiffre de 1532 indique l'achèvement de cet édicule tout paré de dentelles et si fleuri que l'œil s'y arrête en contemplation.

Au-dessous, c'est la princesse morte ; la tête est nue, les cheveux sont épars, les pieds découverts ; le marbre représente la mort dans toute sa vérité : rien n'égale l'efflorescence de ce mausolée, le plus élégant et le plus magnifique du genre. La princesse mourut à Malines, en 1530. Ses restes furent apportés à Brou deux ans après.

Une légende attribue la mort de la princesse

à un éclat de verre qui serait tombé dans sa mule et sur lequel son pied se serait blessé, ce qui aurait nécessité une amputation, qu'elle allait subir, lorsqu'une trop forte dose d'opium l'endormit du sommeil éternel. On voit, sur le marbre, à la plante du pied gauche, un petit éclat de pierre qui semble rappeler cet évènement. Est-ce fortuit ou à dessein ?

La devise de Marguerite était : FORTUNE INFORTUNE FORT UNE, que l'on retrouve partout dans l'église, et qui n'est que l'image de la vie de la princesse, même si l'on fait du second mot INFORTUNE un verbe INFORTUNAT pour avoir ainsi la phrase latine : FORTUNA INFORTUNAT FORTITER UNAM (le sort s'acharne à persécuter une femme). Citons l'interprétation plus virile donnée à cette devise par Alexandre Dumas père, lorsqu'il visita l'église de Brou en 1856. Il la traduisit par : « FORTUNA INFORTUNA FORTI UNA » Fortune et infortune, ce n'est qu'un pour l'âme forte. Pour les autres interprétations, nous renvoyons le lecteur à la gracieuse poésie qui termine ce livret ; il trouvera dans cette pièce toutes les significations de la devise, ingénieusement appliquées à la vie de Marguerite.

Le rétable de la chapelle de la Vierge est un magnifique travail du style flamand, dans lequel se voient tous les mystères de la Sainte-Vierge, jusqu'à l'Assomption de Marie au Ciel; elle repose sur un disque lunaire. Dans le fond des compartiments, on découvre des *intérieurs* fouillés avec le plus grand soin : tout cet édicule est en marbre blanc; les figures sont animées. Au sommet, paraît, dans un nuage, le Père Eternel qui attend Marie. « Le luxe, l'élégance que l'on trouve dans l'ameublement de la Vierge, dit M. Jules Baux, forment un contraste frappant avec les habitudes de l'humble épouse du charpentier Joseph; son lit, par exemple, est un véritable lit ducal, et les étoffes dont elle est revêtue rappellent le luxe des riches bourgeois de Gand et de Bruges, au XVIe siècle. Nous n'avons pas besoin de dire que la délicatesse des sujets, la variété des détails et des ornements s'unissent pour faire de ce morceau un chef-d'œuvre ».

Dans cette même chapelle, des panneaux en forme de stalles et en marbre sont chargés des armes de la princesse et des lettres P. M. (Philibert et Marguerite) liées par des lacs d'amour. Dans les deux angles de cette chapelle, il y a deux statues fort remarquables reposant sur une colonne coudée : à gauche, ce serait celle d'André Colomban, et à droite, celle de Philippe de Chartres, les principaux sculpteurs. C'est là aussi que se voit une petite chèvre qui passe pour être un chef-d'œuvre, tant elle est taillée avec finesse et légèreté.

Le jubé de Brou est travaillé et fouillé avec une grande délicatesse ; il est semé d'une quantité d'ornements du plus beau détail : il est tissé à jour comme la plus fine broderie, et la pierre revêt sous l'éclat de la lumière les teintes les plus chatoyantes ; il a 11 mètres 65 centimètres de largeur sur 8 mètres de hauteur. C'est comme un voile de dentelles jeté entre le sanctuaire et l'intérieur de l'église réservé aux fidèles qui venaient assister aux offices.

On ne manquera pas de remarquer les détails des boiseries en chêne qui ornent le chœur ; elles sont fouillées avec la plus grande finesse ; ce sont des miracles de sculpture. Il y a, d'un côté, les scènes de l'Ancien-Testament, et de l'autre, celles du Nouveau-Testament et de l'Histoire-Sainte. Partout il y a des figures sculptées avec tous les caprices, souvent grotesques, de l'art du XVIe siècle.

Outre la devise que nous avons citée plus haut, on trouve fréquemment les lettres **P. M.** (Philibert et Marguerite), enlacées de mille manières élégantes, puis des devises, des marguerites, puis enfin une plume, qui rappelle la femme auteur et diplomate. Il y a encore les lettres F E R T plusieurs fois inscrites sur le marbre ou la pierre. Leur sens a reçu une nouvelle explication dans la dernière édition de l'*Histoire de Brou*, par M. Jules Baux, qui a découvert sur un doublon d'or du duc Victor-Amédée cette légende : *Fœdere et Religione tenemur*. D'autres historiens avaient pensé que ces lettres correspondaient à d'anciennes devises de chevalerie : « FRAPPEZ, ENTREZ, ROMPEZ TOUT » ou à « *Fortitudo ejus Rhodum tenuit* » parole qui rappelle un des exploits des ducs de Savoie durant les croisades et qui devint leur devise [1].

---

[1] A partir du règne d'Amédée IX (1435), on trouve les

On possède aujourd'hui le marché authentique passé à Malines, en 1526, entre Marguerite, Conrard Meyt et Louis Van Boghem, pour la construction et la sculpture des mausolées. Les frères Conrard Meyt s'étaient engagés à les achever en quatre années. Le marbre venait de Pise et arrivait par le Rhône au port de Neyron, et de là à Brou. Ainsi les frères Conrard Meyt sont bien les sculpteurs des mausolées.

Une autre pièce non moins précieuse, datée aussi du 14 juillet 1526, et signée de Louis Van Boghem fait connaître à Marguerite l'état exact des travaux de Brou et la pose du jubé. « Lon est après poser le jubé qui sera triomphant et fort riche par les beaux ouvraiges et folliages qui y sont. Les verriers sont après la tierce verrière du crépon et celles de vostre chapelle.... »

---

lettres F E R T sur les colliers des princes de Savoie, et des chevaliers de l'Ordre de l'Annonciade. Aujourd'hui le roi Humbert qui règne en Italie a fait frapper ces mêmes lettres sur la tranche de ses monnaies.

III

Dans les vitraux, riches de sujets religieux, qui tamisent doucement la lumière, Philibert et Marguerite sont représentés de grandeur naturelle, à genoux, sous la garde de leurs patrons saint Philibert et sainte Marguerite, et enfin de saint Nicolas avec une riche chape d'or. Au-dessus de l'éclatant vitrail de la chapelle de l'Assomption, on aperçoit, dans la frise, le *Triomphe du Christ*, composition très-originale, très-savante, sur laquelle nous reviendrons. Dans les vitraux de l'abside sont les armes de Savoie, de Bourgogne, de France et d'Allemagne, au milieu d'encadrements du plus éclatant coloris. — Le vitrail méridional représente l'histoire de Suzanne.

Il existait deux chapelles destinées spécialement à la princesse. Dans chacune d'elles on voit une cheminée, sobre d'ornements, mais pleine de calme et de mystère. Au moyen d'une sorte de prie-dieu en pierre, surmonté d'une arcature en biais très-singulière, l'œil pouvait apercevoir le prêtre au maître-autel pendant les cérémonies religieuses.

L'église de Brou avait été placée sous le vocable de saint Nicolas de Tolentin, pour lequel Marguerite avait une dévotion toute particulière; et, à peine sortie des mains des ouvriers, elle excita la plus vive admiration. Un auteur contemporain écrivait déjà dans son naïf langage : *C'est le plus superbe bastiment et la plus plaisante structure ; on le peut compter entre les miracles de beauté.* Elle a deux portails latéraux ornés de belles statuettes, l'un au nord, dit de Saint-Augustin; l'autre au midi, appelé de Sainte-Monique. Leurs statues sont dans le tympan.

Elle est située à environ 525 mètres du centre de la ville de Bourg (chef-lieu du département de l'Ain), sur la route qui conduit à la rivière d'Ain, en Savoie et en Italie.

Ce monument était jadis presque complètement isolé de la vieille capitale de la Bresse, sur un plateau fertile et presque à l'entrée de forêts séculaires; mais bientôt le faubourg

Saint-Nicolas va prolonger ses maisons et ses trottoirs jusqu'à l'édifice même dont la perspective sera loin d'y gagner [1].

La basilique de Brou a la forme d'une croix latine; elle mesure 70 mètres de longueur dans œuvre (Saint-Pierre de Rome, la plus grande église du monde, en a 190), 35 mètres de largeur à la croisée, 30 mètres à la grande nef et 20 sous voûte; elle a une grande nef au milieu, deux nefs latérales, deux bas-côtés. Une tribune règne dans tout l'intérieur de l'église au-dessus des arcs en ogive.

Lorsqu'on se place au centre de l'église, on est frappé de la forte base des piliers, de la multiplicité des nervures, de la légèreté des

---

[1] L'église de Brou n'est qu'une église conventuelle. — L'église paroissiale de Bourg se trouve au centre de la ville; elle est plus simple, mais vaste et majestueuse dans ses lignes. Elle fut commencée avant Brou, suspendue pendant la construction de cette dernière, et achevée après 1545, comme l'indique la date que l'on voit sur une de ses portes : son architecture se ressent des transitions de l'art du XVIe siècle au XVIIe siècle. Elle mérite d'être visitée. On peut étudier aussi son histoire et son architecture dans l'intéressant ouvrage que lui a consacré M. Jules Baux.

voûtes et de cette blanche fraîcheur qu'a conservée la pierre après plus de trois cents ans.

On reconnaît évidemment que le chœur est un sanctuaire de douleur où Marguerite d'Autriche a voulu enfermer ses tombeaux chéris. « Brodeuse et fileuse, dit un historien moderne, la princesse semble avoir, en rêvant ses devises, filé son église au fuseau des fées, filé infatigablement. C'est un enchantement, ajoute-t-il encore, de guipures et de broderies de blanche pierre et d'albâtre. »

Les briques mêmes du sanctuaire étaient jadis couvertes d'ingénieux dessins en émail qu'ont usés les pieds des visiteurs; mais on en peut apercevoir encore quelques fragments le long des murs ; presque toutes ces briques ont pu être reproduites par la peinture et par la lithochromie dans des ouvrages spéciaux.

Ce beau travail de la céramique moderne est attribué à des artistes italiens de la renaissance qui, après Brou, se fixèrent à Lyon, où on les retrouve. Beaucoup de ces briques émaillées ont disparu. Sur l'une d'elles, nous avons lu la date de 1563. Elles étaient faites sur place avec la belle terre de Meillonnas.

On est sûr aussi aujourd'hui que les vitraux si éclatants, si riches en dessin et en couleur, ont été faits également sur place par des artistes français.

Il règne dans tout l'ensemble de l'édifice quelque chose de calme, de suave, de mystérieux qui saisit l'âme et la laisse longtemps sous le charme de ce qu'elle a vu. La pensée de Dieu, les ardentes aspirations vers la béatitude céleste, ont pu seules faire éclore toutes ces incroyables sculptures. Au milieu de ce sanctuaire, éclairé par de somptueuses verrières, où la pierre parle, où le bois est découpé en mille festons, on est saisi d'une contemplation ineffable.

On ne peut donc s'empêcher de répéter avec Edgar Quinet, écrivain bressan :

« Ah ! que la vieille société se couche ici sans regret dans son tombeau ! Elle n'en trouvera point qui soit mieux ciselé et qui porte mieux son deuil. C'est ici que s'enfouit sans retour le long rêve du Moyen-Age. Qu'il s'endorme pour jamais sur ce dur oreiller de marbre, et qu'il le creuse jour et nuit sous son poids. Son lévrier fidèle à ses pieds ne se relèvera pas. Son éperon de pierre ne pressera plus son cheval dans la vallée de Roncevaux ni sur le chemin des croisades. Son gantelet ne serrera plus l'épée de la féodalité. Sa visière ne se lèvera plus sur le monde d'amour d'Arioste et de Pétrarque. Sa main ne puisera plus dans son casque aux eaux fraîches de l'abime. C'en est fait, un monde est mort... »

Les bâtiments qu'on voit au midi de l'église étaient, dans le principe, destinés à un monastère de l'ordre de Saint-Benoit. Au moment de la Révolution, en 1793, ils étaient habités par des Augustins qui en furent expulsés, et aujourd'hui ils sont occupés par le Grand-Séminaire du diocèse de Belley. Il y a, dans l'intérieur, de très-beaux cloitres où se croisent d'harmonieux arceaux.

Après Brou, nous sommes en pleine Renaissance.

IV

En 1856, le 17 septembre, on mit à découvert la crypte funèbre qui règne dans le chœur de l'église, et sous les mausolées se trouvent des caveaux qui ont reçu les restes mortels du prince et des princesses, placés dans des cercueils qui allaient tomber en poussière.

Une commission fut nommée pour descendre dans les précieux caveaux. Elle était présidée par M. le comte Somis de Chiavrie, délégué du roi de Sardaigne. Des procès-verbaux de cette visite furent rédigés par M. J. Baux, alors archiviste du département. M. le docteur Dupré fut chargé de recueillir et classer avec soin tous les ossements dans leur ordre anatomique. Dans ces caveaux où l'on n'était pas descendu depuis plusieurs siècles, tout était bien en place. Pas un insecte n'y bourdonnait, pas une araignée n'y avait filé sa toile : c'était le respect du temps pour l'éternité.

Sur les trois cercueils se trouvent des inscriptions rappelant le souvenir du prince et des princesses, puis sur les murs latéraux la date de la mort des illustres défunts :

Sur le mur méridional :

OBIIT ILL. D. MARG. BORB^{ca}

1483

Sur le mur à l'Est :

OBIIT ILL. DUX PH^{us}

1504

Au Nord :

OBIIT ILL. D. MARG. AUSTR

1530

D'après les dimensions du caveau, il est évident que Marguerite d'Autriche a voulu que trois sépultures seulement y fussent réservées pour les deux êtres qui lui étaient chers et pour elle-même.

Le caveau a été restauré et revêtu d'enduits destinés à le protéger contre les détériorations des siècles. De nouveaux cercueils ont été faits en bois de chêne et enveloppés de caisses en plomb, pour mieux conserver les restes de Marguerite de Bourbon et de Marguerite d'Autriche qu'on y a religieusement déposés; celui de Philibert-le-Beau ayant été reconnu en bon état de conservation n'avait pas été ouvert.

Enfin en 1858, le 5 juillet, les nouveaux cercueils ont été réintégrés dans le caveau princier avec une grande solennité, en présence de toutes les autorités réunies, puis les dalles de pierre ont été abaissées, et le caveau ducal définitivement fermé. Puissent les temps et les hommes respecter ce silence de la mort!

V

On voit, au musée de l'Hôtel-de-Ville de Bourg, un tableau de grande dimension peint par Mathieu et donné par le Gouvernement ; il représente la visite de François Ier à l'église de Brou en 1541. Ce prince, qui s'y connaissait, disait : « N'avoir veu aucun temple de telle excellence pour ce qu'il contenoit. »

Au printemps de l'année 1805, l'empereur Napoléon Ier, lorsqu'il allait à Milan se faire couronner roi d'Italie, voulut aussi voir l'église de Brou. La relation de cette visite est spirituellement écrite dans un petit ouvrage publié par M. Philibert Le Duc, sous le titre de : *Passage de la Reyssouze par Napoléon*. Le même auteur a publié en 1857, sous le titre de : *L'Eglise de Brou et la Devise de Marguerite d'Autriche*, un opuscule intéressant qui contient des documents sur les œuvres d'art de Brou, et de gracieuses poésies, celle à laquelle nous empruntons notre épigraphe, et celle de la Devise qu'on trouvera aux dernières pages de ce petit livre.

Les statues des sépultures de Brou ont été moulées, dans leur grandeur naturelle, par ordre du Gouvernement, pour le musée de Versailles.

Les six beaux dessins de l'*Album de Brou*, dus au crayon de MM. Deroy et Fichot, habiles dessinateurs de Paris, seront, pour tous les étrangers un souvenir fidèle et précieux du splendide monument qui a inspiré tant d'artistes, tant de savants et de si belles pages à la littérature française [1].

Nous avons parlé plus haut de la belle composition du *Triomphe du Christ*, placé au-dessus de l'éclatant vitrail de la chapelle de la Vierge. C'est une grisaille historique très-remarquable.

La marche s'ouvre par Adam et Eve, puis viennent les patriarches, les chefs des tribus d'Israël, les prophètes, les prophétesses, les Jonathas, les Machabées et enfin le char du Christ poussé par les quatre Evangélistes. Alors

---

[1] L'*Album de Brou*, publié en 1857, est presque épuisé. C'est la notice, mise en tête de l'Album, qui est ici reproduite avec quelques additions.

arrivent les martyrs avec leurs instruments de supplice, les Pères de l'Eglise, tous les saints de la nouvelle et vivante Eglise de Jésus-Christ, les femmes chrétiennes, les confesseurs de la foi, jusqu'aux enfants de saint Benoît et de saint Bruno.

Il existe de ce vitrail une gravure flamande, de la plus parfaite exactitude, dû plus beau burin ; elle contient toutes les légendes ; elle est signée de Jean-Antoine De Brye, *cœlator et divulgator*, graveur et éditeur.

Ainsi cette composition, qui représente en abrégé toutes les figures de l'Ancien et du Nouveau-Testament, était donc en vénération chez le peuple flamand ; il n'y a rien d'étonnant que Marguerite d'Autriche, gouvernante des Flandres, ait voulu doter son église de cette œuvre d'art et de religion. — Tout y est groupé, dessiné, gravé avec un burin merveilleux, et mérite une étude particulière [1].

---

[1] Elle vient d'être publiée sous le titre suivant : *Le Triomphe du Christ, vitrail de l'Eglise de Brou. Etude d'après une gravure du XVIe siècle.* Bourg, 1882, 24 p. grand in-8° par M. Et. Milliet. — Se trouve chez Fr. Martin, libraire.

Le voyageur, qui parcourt la ligne ferrée de Paris à Genève ou de Lyon à Bourg peut, non loin de la forêt de Seillon, voir émerger, au-devant des collines peuplées du Revermont, le clocher, les portiques et les dentelures du sanctuaire élevé par la piété de Marguerite d'Autriche; il peut embrasser tout ce calme horizon de forêts, de jardins, de gracieux paysages au milieu duquel est assise cette magnifique tombe ducale : c'est le monument de l'amour conjugal, de la foi catholique et de l'espérance éternelle.

Notre province doit religieusement conserver, avec le souvenir de Marguerite d'Autriche, la basilique qu'elle a élevée au milieu de nous, et dont elle a voulu faire, suivant une belle expression, la *maison de son âme*.

DESCRIPTION

DU

CADRAN ELLIPTIQUE DE BROU[1]

Sur l'esplanade, on voit à fleur de terre une grande ellipse dont la circonscription est formée par vingt-quatre cubes ou dés en pierre de taille, sur lesquels sont gravés à un pouce de profondeur, les signes horaires de I à XII, suivis d'une seconde série semblable. Ces signes numériques sont espacés inégalement entre eux selon les principes, calculs et procédés relatifs à la projection de l'ombre du style, à chaque

---

[1] Cette description est extraite des *Considérations et Recherches sur les monuments anciens et modernes du territoire de Brou*, publiées en 1812, par le président RIBOUD.

heure du jour, dans les cadrans solaires verticaux et autres... Ces dés ou cubes ont une saillie d'environ deux pouces au-dessus du niveau du sol, et sont fixés en terre à deux pieds de profondeur dans une bonne maçonnerie qui les rend inébranlables.

Le grand axe de cette ellipse mesure environ trente-trois pieds ou onze mètres et se dirige de l'est à l'ouest; le petit axe est de vingt-six pieds quatre pouces ou d'environ neuf mètres.

Au centre de l'ellipse est tracée une ligne méridienne, sur une table de pierre polie, parallélogrammatique et parfaitement horizontale; cette table, composée de deux blocs égaux, a environ quatre mètres de longueur sur un de largeur; immuable dans une maçonnerie bien nivelée, elle est coupée dans sa longueur par la ligne méridienne.

Sur chaque côté de cette ligne, et à une distance de deux pouces d'elle, sont gravées en deux colonnes, les lettres initiales des douze mois de l'année; leurs distances, inégales entre elles, sont combinées avec le mouvement de la terre autour du soleil en chaque mois.

La première idée des personnes qui ne connaissent pas ce cadran, est de chercher le style, dont l'ombre projetée doit marquer l'heure; elles ne présument pas que c'est elles-mêmes qui vont le former par l'ombre de leur propre corps, en se plaçant sur la lettre du mois..... Si le sommet de l'ombre atteint le milieu du numéro, alors on a l'heure précise; mais si elle s'en écarte plus ou moins d'un côté ou de l'autre, l'indication n'est plus parfaitement exacte, et l'on n'obtient que *par estime* la connaissance des quarts, de la demie ou des trois quarts, avant ou après l'heure.....

Quoique l'époque précise de la confection du cadran elliptique de Brou ne soit indiquée par aucun document direct, toutes les probalités se réunissent pour le faire considérer comme l'un des premiers objets dont on s'occupa immédiatement avant l'ouverture des travaux. S'il ne fut pas construit à cette époque, il n'a dû et pu l'être qu'après l'achèvement de la façade et du frontispice, attendu que l'esplanade où il se trouve était nécessairement encombrée pendant le cours des travaux.

L'identité des matériaux de ce gnomon, dont l'ellipse était, dans le principe, composée de très grandes briques moulées exprès et couvertes du même vernis vitreux qu'offrent celles du parquet des nefs, ne peut être douteuse, malgré l'action délétère de trois siècles.

L'on ne voit pas d'ailleurs qu'avant Marguerite, il soit fait aucune mention de ce cadran, et même, depuis elle, jusqu'au milieu du XVIIIe siècle, les annales des sciences et des arts ne contiennent aucune notion de l'existence d'un semblable ouvrage en d'autres lieux.

Il est donc bien naturel de croire que la princesse ayant rassemblé à Brou l'élite des artistes et ouvriers de son temps, il s'en est rencontré quelqu'un parmi eux qui, assez instruit et ingénieux pour construire ce gnomon, le fit exécuter immédiatement avant la construction ou après son achèvement et le déblai de l'esplanade. Son exécution ajouta par cet accessoire curieux, un nouveau caractère de rareté aux divers chefs-d'œuvre que renfermait le temple depuis le plus petit fleuron jusqu'à la plus belle statue...

L'horaire elliptique horizontal était, comme je l'ai dit, originairement construit en grandes et fortes briques fabriquées à Brou. Les heures étaient marquées en relief, tandis que depuis qu'on leur a substitué des cubes ou dés, elles sont gravées en creux.

Ces briques avaient environ deux pieds et demi de longueur sur plusieurs pouces d'épaisseur, et elles furent incrustées verticalement dans une forte maçonnerie en chaux maigre; elles étaient, en outre, couvertes d'une couche d'émail ou vernis dur et vitreux qui les garantissait de la pénétration de l'humidité. Mais à la longue, les parties saillantes, exposées au passage continuel des hommes et des voitures, perdirent peu à peu leurs angles; quelques esquilles et fractures donnèrent introduction à l'eau; les gelées firent sentir leur action et il n'est pas surprenant que trois siècles de pareilles épreuves aient détruit et oblitéré l'horaire au point que les chiffres étaient devenus méconnaissables.

Ils auraient disparu peu à peu si Lalande, craignant de voir détruire cet intéressant vestige astronomique, ne l'eût fait reconstruire, à ses frais, en pierre de taillo très solide sur lesquelles il fit graver les signes des heures. Avant cette restauration, le cadran elliptique était placé à une plus grande distance du frontispice et au centre de l'esplanade, ce qui produisait un effet plus agréable et projetait plus longtemps les rayons solaires sur l'ellipse.

On ignore le motif qui détermina sa transposition contre le parvis et presque sous le frontispice de l'église ; on ne voit pas quel avantage a pu en résulter pour l'utilité et la décoration, qui ne paraissent y avoir gagné ni l'une ni l'autre : nous devons néanmoins croire que Lalande eut de bonnes raisons de faire ce changement.

Thomas Riboud.

CADRAN A FLEUR DE TERRE DEVANT L'ÉGLISE DE BROU

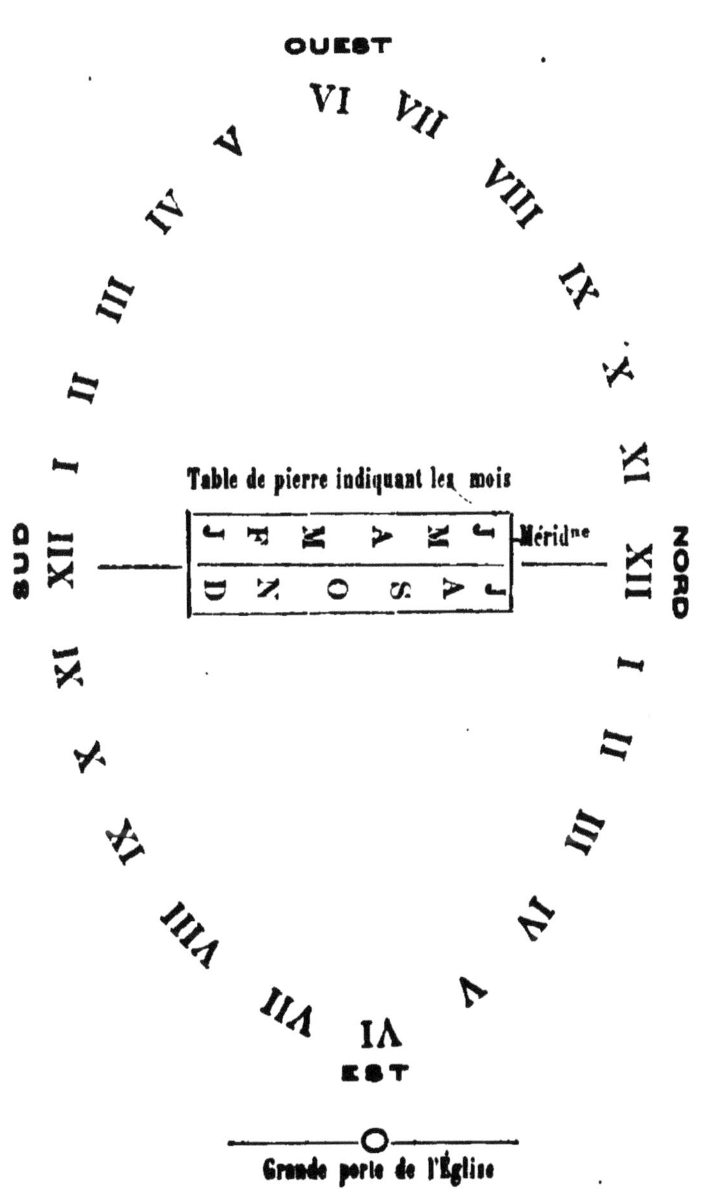

LA DEVISE

DE MARGUERITE D'AUTRICHE[1]

Fortune Infortune fort une [2].

Fortune, infortune très unique
Fortune, infortune, fort une (même chose),
Fortune, infortune, fortune.
Fortune, infortune, forte une (femme).

Ta devise FORTUNE INFORTUNE FORT. UNE.
A dit une voix sainte au pied du maître-autel,
Ta devise, ô princesse, est encore opportune
Devant les chers débris de ton être mortel.

---

[1] Le 17 septembre 1856, on retrouva sous le pavage du chœur de l'église de Brou l'entrée du caveau funèbre où reposait Philibert-le-Beau entre Marguerite de Bourbon, sa mère, et Marguerite d'Autriche, sa femme. Les cercueils de ces deux princesses avaient subi l'action du temps. On les renouvela solennellement le 2 décembre suivant. C'est du souvenir de cette cérémonie religieuse que je me suis inspiré dans cette pièce de vers.

M. le comte de Quinsonas l'a insérée dans sa belle publication : *Matériaux pour servir à l'histoire de Marguerite d'Autriche.* On la trouve aussi dans le volume que l'auteur a consacré à la Bresse sous le nom de *Brixia*.

[2] Je pense, et mes notes du *Passage de la Reyssouze*

La *fortune*, qui las ! *infortuna* ta vie,
Semble poursuivre encore, et bien étrangement,
Ta dépouille qu'en vain tu crus avoir ravie
A la commune loi de tout trépassement.

Oui, pour user ici d'un sens de ta devise,
L'*infortune* est vraiment *fort une* à ton égard :
En poussière, en lambeaux ton cercueil se divise,
Celui de ton époux s'offre intact au regard.

---

l'ont déjà dit, que l'excellence de la devise de Marguerite consiste dans la diversité de ses interprétations.

Le point ou l'intervalle qui sépare ordinairement FORT de UNE, à la fin de la devise, ne doit pas faire exclure la signification de *fortune, infortune, fortune*. Sans l'exclure, il est tout simple que l'on ait adopté la coupure graphique : c'est la manière d'écrire qui met le plus en évidence le jeu de mots et qui se prête le mieux aux diverses traductions. FORT. UNE, en effet, par sa consonnance, rappelle aisément le sens de *fortune*, et, par sa forme, suggère divers sens dont FORTUNE n'aurait pas donné l'idée.

Si l'on prend le point qui suit le mot FORT pour un *point voyelle*, on peut lire *forte une (femme)*.

La principale signification, celle de la *fortune* qui *infortune fort une*, a été exprimée par ce vers latin de Cornelius Grapheus : *Fortis fortuna infortunat fortiter unam*.

Ton blason, je le sais, dit *forte une* grande âme
Dans la *fortune* ainsi que dans l'adversité ;
Mais, je le crois un peu, haute et puissante dame
Tient encor dans la tombe à son humanité.

Pauvre femme ! toujours la joie et la souffrance
Ont éprouvé ta vie, ont éprouvé ton corps.
Fortune : on te promit au futur roi de France.
Infortune : la France oublia ses accords.

Fortune : ton hymen avec l'infant d'Espagne
Te donna le bonheur qu'on rêve à dix-huit ans.
Infortune : tu fus à peine sa compagne,
Sans lui tu vis fleurir ton vingtième printemps.

Fortune : un vaillant duc de Savoie et de Bresse
Te rendit au delà de ton bonheur perdu.
Infortune : la mort, après trois ans d'ivresse,
Enleva son idole à ton cœur éperdu.

Fortune : ton beau front sut porter la couronne ;
Les lettres ont béni ton règne paternel.
Infortune : la mort, qui toujours t'environne,
Ajoute un deuil de frère à ton deuil éternel.

Suivons plus loin le cours de tes vicissitudes.
Fortune : tu bâtis un temple renommé ;
Tu creusas dans le chœur de sombres solitudes
Pour ton dernier sommeil près de ton bien-aimé.

Dans le même caveau ta dépouille placée
Devait attendre en paix l'heure du jugement ;
L'apparence du seuil devait être effacée
Et le respect des morts te garder saintement.

Infortune ! les arts, inquisiteurs avides,
Ont découvert le seuil aux entrailles du chœur,
Et leur zèle a troublé tes ossements livides
Dans leur lutte muette avec le temps vainqueur.

Pardonne-leur, princesse ; une *fortune* heureuse
A suivi de bien près l'outrage inusité.
Sur tes os recueillis la France généreuse
A reformé ta tombe avec solennité.

A l'*infortune* ainsi succède la *fortune*
Qui deux fois est écrite en ton blason chéri.
D'où vient que seulement l'*infortune* l'est une ?
Aurais-tu donc pleuré moins que tu n'as souri ?

Peut-être..... et ta foi vive explique ce mystère :
Pour un cœur élevé comme l'était le tien,
Infortune ou *fortune*, ah ! n'est-ce pas sur terre
Fort une même chose avec l'espoir chrétien ?

Peut-être donnas-tu, dans ton âme plaintive,
Un autre sens encore aux mots sentencieux :
Les premiers — de la vie étaient l'alternative,
Le troisième exprimait la *fortune* des cieux.

C'était dans ton veuvage un rêve légitime :
Ta *fortune* ici-bas venait de s'envoler :
L'*infortune* ici-bas te faisait sa victime ;
La *fortune* d'en haut devait te consoler.

Ta belle âme, sans doute, ô pieuse princesse,
Obtint cette *fortune* ; et, depuis ce moment,
Tu vois Dieu dans sa gloire et tu jouis sans cesse
De l'époux qui bénit ton noble dévouement.

Si l'un de tes regards sur ton église tombe,
Tu dois être joyeuse en voyant quel honneur
On rend à ta dépouille, à ta nouvelle tombe.
Pour toi ce jour funèbre est un jour de bonheur.

Trois siècles ont passé depuis ta vie éteinte.
Brou, ses brillants vitraux, ses marbres assouplis
D'un si long temps à peine ont éprouvé l'atteinte.
N'est-ce pas le plus cher de tes vœux accomplis ?

Les insignes de mort décorant les murailles,
Notre deuil volontaire autant qu'officiel,
Et les milliers de voix chantant tes funérailles,
N'est-ce pas une part de ta *fortune* au ciel ?

Décembre 1856.

INDEX

Des Ouvrages sur Brou que l'on peut se procurer à la librairie de M. Francisque Martin-Bottier ou chez le Gardien de l'église de Brou.

Histoire et description de l'église de Brou, par le P. Rousselet, 9e édition. Un volume in-12, orné d'une lithographie 1f 50

Histoire de l'église de Brou, par M. Jules Baux. Un vol. in-12o, illustré de 11 eaux fortes, 5e édition sous presse.................... 12 »

Matériaux pour servir à l'histoire de Marguerite d'Autriche, par M. le Comte de Quinsonnas. Trois vol. in-8o illustrés............... 60 fr.

L'église de Brou et la Devise de Marguerite d'Autriche, par M. Philibert Le Duc. Brochure in-18 Jésus............................ 2 50

L'église de Brou et ses tombeaux, par M. Dufay. Un vol. in-16, orné d'une eau-forte.... 1 50

Le Blason de Brou, par Antoine du Saix. Réimpression in-16.................... 6 »

Le Triomphe du Christ, vitrail de l'église de Brou, par M. Et. Milliet. Brochure grand in-8o .... 2 »

Poème sur l'église de Brou, par M. G. de Moyria, avec une introduction, par M. Edgar Quinet, in-8o orné d'une lithographie.... ..... 2 50

Malo (Levis): *Notre-Dame de Brou*, étude sur la décadence de l'art ogival, broch. in-8o 2 50

Petit Album de 12 vues photographiques sur Brou, cartonné........................ 3 f.»

Après Brou, le voyageur, qui voudra entrer dans la ville de Bourg, visitera d'abord l'Hôpital, puis l'Eglise paroissiale, la Préfecture, l'Hospice de la Charité, la Madeleine, l'Institution Carriat, le Musée de l'Hôtel-de-Ville, le Lycée, le couvent de Saint-Joseph, la promenade du Bastion où se trouve la statue en bronze de Xavier Bichat, la pyramide élevée à la mémoire du général Joubert, les belles allées du Champ-de-Mars, du Quinconce et du Mail où se trouve l'Observatoire construit par le célèbre astronome Jérôme Lalande en 1792, quelques vieilles maisons en bois du XVIe siècle dans l'intérieur de la ville. L'amateur pourra voir les vases antiques de MM. Bozonnet père et fils, les émaux bressans très riches et très variés chez les bijoutiers, et enfin les ateliers où se fabriquent des meubles vieux style.

www.ingramcontent.com/pod-product-compliance
Ingram Content Group UK Ltd.
Pitfield, Milton Keynes, MK11 3LW, UK
UKHW021135230726
13926UKWH00002B/813